ウズベキスタンと周辺の国ぐに

トルクメニスタン
アゼルバイジャン
アスタナ ●
カザフスタン
ウズベキスタン
バクー
タシケント ■
● ビシュケク
キルギス
アシガバッド
ドゥシャンベ ●
タジキスタン
テヘラン
アフガニスタン
バグダッド
イラン
カブール ●
● イスラマバード
クウェート
ネパール
クウェート
パキスタン デリー ●
カトマンズ
インド

▲ヒバのイチャン・カラにある宮殿クフナ・アルク（右側）と青いタイルもようの塔カルタ・ミノル。

▲ブハラ歴史地区にあるモスクとカラーン・ミナレット（塔）。

ウズベキスタンの世界遺産

ウズベキスタンでは、2023年現在、次の５件が世界遺産として登録されている。

- ● ヒバのイチャン・カラ
- ● ブハラ歴史地区
- ● シャフリサブス歴史地区
- ● サマルカンド－文化交差路
- ● 西天山（カザフスタン・キルギスと共有）

▲サマルカンドにあるグーリ・アミール廟の門。この霊廟にはティムール帝国の祖アミール・ティムールとそのゆかりの人びとが埋葬されている。

現地取材！ 世界のくらし ⑭

ウズベキスタン

文・写真：関根 淳　監修：帯谷知可

ティムール帝国ゆかりの人びとが眠る
シャーヒズィンダ廟。

現地取材！ 世界のくらし⑭ ✈

ウズベキスタン

もくじ

● ハイルリ トン（グ）
おはようございます
● ハイルリ クン
こんにちは
● ハイルリ ケチ
こんばんは
（いつの時間でも使えるあいさつ）
● アッサローム アライクム
（一般的）／ サローム（友達どうし）

国際陶器センターを訪れた子どもたち。

下絵にそって陶器に絵つけする女性。

舞踊大会に参加する民族衣装すがたの大学生。

日本庭園で記念撮影する新婚カップル。

◀こちらのサイトにアクセスすると、本書に掲載していない
写真や、関連動画を見ることができます。

お昼寝から起きてごきげんの子ども。

サマルカンドの3人きょうだい。

手づくりのスザニ刺
しゅう店を営む家族。

スマートフォンの
ゲームで遊ぶ子ど
もたち。

中央アジア中心部の内陸国

東部フェルガナ地方の綿花畑。ウズベキスタンは綿花栽培がさかんで、その生産量は世界第6位。

はじけたワタの実。

5か国と国境を接する国

　ウズベキスタンは、東西に長い国土をもつ中央アジアの内陸国です。北西部には自治権をもつカラカルパクスタン共和国もあります。国土に海はなく、まわりを囲うようにカザフスタンやトルクメニスタンなどの5つの国と国境を接しています。面積は44万7400km²（日本の約1.2倍）で国土のほとんどが険しい山やまと砂漠で

構成され、シル川、アム川、ザラフシャン川という3つの国際河川が周辺国から流れこんでいます。こうした河川流域に人びとが集まり、豊かな水を使って灌漑農業がおこなわれたことで、サマルカンドやブハラ、ヒバなどがオアシス都市＊として発展してきました。

＊オアシスとは、砂漠などの乾燥した地域のなかで、川や泉などの水にめぐまれて植物が豊かに自生する場所。オアシスを中心に形成された都市をオアシス都市という。

▲北部から西部にかけて広がる草原（ステップ）ではヒツジやヤギの放牧がさかん。

▲西部には広大なキジルクム砂漠があり、ラクダの放牧などがおこなわれている。

ウズベキスタンの四季

朝晩は冷えこむが、すごしやすい日が続く。写真は春の訪れを告げるアンズの花。

春

日差しが強く猛暑日も多いが、夜はすごしやすい。写真はサマルカンドのモスク前の広場。

夏

平均気温が8℃ほどで、冷えこむ日が多くなる。写真は街路樹が紅葉したブハラの公園。

秋

冬

きびしい寒さの日が続く。量は少ないが雪も降る。写真はタシケントの金曜モスク。

気温変化が大きい大陸性気候

　ユーラシア大陸の内陸部に位置し、海洋の影響を受けにくいウズベキスタンの気候は、全般的に乾燥した大陸性気候です。昼と夜の寒暖差が大きく、季節的にも夏の平地の最高気温が40℃をこえるいっぽう、冬には最低気温が－10℃以下になる地域もあります。

　また年間を通して雨が少ないので、国土のほとんどが乾燥地ですが、河川がはしるオアシス周辺の地域では、季節ごとにさまざまな花がさき、小麦や野菜、果物などの栽培がさかんにおこなわれています。

▲ザクロの栽培がさかん。果肉のつぶが多いことから、子宝の象徴として陶器や刺しゅうのモチーフにもなる。

▲バラの栽培がさかんで、庭先や公園の花壇などでよく見かける。

◀ウズベキスタンはブドウの名産地。家庭でも栽培することが多い。

シルクロードのオアシス都市

アジアと西洋の中継地

　ウズベキスタンの歴史は古く、紀元前から中国と西洋の交易路シルクロード（絹の道）の中継地として、多くのオアシス都市が発展してきました。しかし地理的に重要な場所にある各都市は、さまざまな民族や国家にねらわれました。アラブ人に征服されたり、モンゴル帝国の支配下におかれたりしたのです。14世紀にはモンゴル貴族の末裔としてこの地に生まれたティムールがティムール朝をおこし、サマルカンドを首都として大帝国を築きます。

　その後、16世紀初頭にはウズベクを名乗る遊牧集団がティムール朝を滅ぼし、この地を支配するようになりました（シャイバーニー朝）。ウズベキスタンの「スタン」には「～の土地」という意味があり、「ウズベク人の土地」が国名になっているのです。

ウルグ・ベク・マドラサ

ティッラカリ・マドラサ

▼文明の交差点として、音楽や踊り、服飾の面でさまざまな民族の影響を受けてきた。

▲オアシス都市として栄えたブハラのラビハウズ（貯水池）。昔の人びとは、ここで水をくんだり洗濯したりしていた。

▼タシケントの国会議事堂（下院）。ウズベキスタンは大統領がいる共和制国家だ。

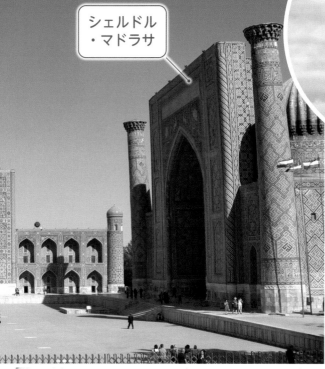

ティムール帝国の時代、商業の中心地だったサマルカンドのレギスタン広場。3つのマドラサ（イスラム高等学院）があるが、現在は使われていない。

シェルドル・マドラサ

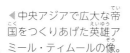

◀中央アジアで広大な帝国をつくりあげた英雄アミール・ティムールの像。

▶ティムールの孫で、君主であり、天文学者でもあったウルグ・ベクの像。

▲コーラン（イスラム教の聖典）を朗読する男性。アラブ人支配のもとで8世紀にイスラム教が伝わった。

若く元気のある国

　1920年代半ば以降、ソビエト社会主義共和国連邦（ソ連）*の共和国のひとつとして国づくりが進められていきますが、1991年のソ連解体の流れのなかで独立を宣言し、ウズベキスタン共和国として新しい歴史を歩みはじめました。

　現在のウズベキスタンの人口は約3520万人で、30歳未満が全人口の半分を占める若い国です。また、国民のほとんどがイスラム教（スンナ派）を信仰しています。

＊現在のロシアを中心とする15の共和国による社会主義国で、アメリカや西側諸国と対立した。1991年に解体。

世界が注目する天然資源

　ウズベキスタンには、国土の西に広がるキジルクム砂漠を中心に豊富な天然資源が眠っています。石油のほか金や銅の埋蔵量は世界の上位を占め、天然ガスはパイプラインでつながった中国へ大量に輸出しています。

　またウランやタングステンなどの希少金属（レアメタル）も採掘されています。エネルギー問題に悩む世界各国がうらやむほどの資源をいかに有効に利用するかが、今後のウズベキスタン経済の発展のかぎになるでしょう。

▲集合住宅でよく見かけるガス供給設備。発電機や暖房器具などの燃料には、ガスが使われる。

3世代でくらす家族

▲りっぱな2階建ての一軒家。建物や高い塀で住居を囲うのがウズベキスタン住宅の特徴だ。

大きな中庭がある家

　ウズベキスタンの住宅は、都心部ではアパート（集合住宅）の建設も進んでいますが、一軒家が一般的です。首都タシケント市内に住むマディナホンさん（11歳）は、両親と妹（9歳）、弟（4歳）、父方の祖母との6人でくらしています。2階建ての家は、カタカナの「ロ」の字型のつくりで、真ん中が大きな中庭になっています。特徴的なのは、建物の内部で部屋のすべてがつながっているわけではないことです。つまり、部屋によっては一度中庭に出て、別のドアから入って移動するのです。

左からお母さん、母方の祖父、マディナホンさん（緑色の服）、弟、妹、お父さん、父方の祖母。

▲中庭にはコンロとかまどがある。お母さんは料理によって屋内の台所と中庭の台所を使いわけている。

▲広い中庭を囲むように住居がある。右側のソファーで夕食をとることも多い。

▲半地下の貯蔵室には、ビンづめされたピクルスなどの保存食がいっぱい。

[1階の間取り図] ※このほか、2階に5部屋ある。

両親の部屋 / 居間 / 台所 / 浴室とトイレ / トイレ / 台所 / 鳥小屋 / 客間 / 中庭 / 台所 / 書斎 / お祈り部屋 / 貯蔵室 / 祖母の部屋 / 姉妹の部屋 / 玄関

▲浴室。浴室の中に水洗トイレもある。湯船にお湯をためることはほとんどなく、シャワーだけですませる。

▼居間。ここで朝食をとったり、テレビを見たりする。

▶お祈り部屋の書見台には、いつもコーランが置いてある。

▲中庭でニワトリやウズラなどを飼っている。

複雑な家のつくり

　玄関から入り、中庭を通っていちばん奥のドアを入ると台所と居間があります。また、玄関から見て中庭の左側には4つのドアがあり、それぞれ客間やお祈り部屋、姉妹の部屋、書斎、祖母の部屋などがあります。そのほか半地下の貯蔵室や2つの浴室、台所とトイレが3つずつなどと、はじめて来た人には迷路のように感じられますが、どの部屋にも美しいじゅうたんが敷かれていて、清潔な雰囲気です。

勉強もお手伝いもしっかりと

母方の祖父が子どもたちへのプレゼントをもって訪ねてきた。

◀ お気に入りのインラインスケートで遊ぶのが大好き。

家族みんなの幸せを願う

　マディナホンさんのお父さんは砂糖の仲買人で、お母さんは専業主婦です。ウズベキスタンでは共働きの家庭もありますが、一般的に、男性は外で働いてお金をかせぎ、女性は家を守るというように、男女の役割を分けて考えることが多いようです。

　両親は「子どもの夢を全力で応援したい。そして家族みんなの幸せを、自分の幸せと感じるような大人になってほしい」と話します。マディナホンさんは、学校の宿題を終えたら、妹といっしょにお母さんのお手伝いをします。休日には、友達とインラインスケートで遊んだり、インターネットでクッキーのつくり方などの動画を見たりすることが好きです。

▲お母さんは、料理や洗濯、そうじと、つねにいそがしくしている。

▲ベッドがある姉妹の部屋。自分たちでそうじして清潔にする。

▲弟の遊び相手をして、いそがしいお母さんを助ける。

◀書斎で妹といっしょに学校の宿題をする。歴史と算数の宿題が多い。

▼お母さんが料理をしているあいだに、食事のテーブルをセッティングする。

マディナホンさんの1日

マディナホンさんは朝7時に起きます。学校は2部制で午後からの授業なので、午前中は読書や予習、家のお手伝いなどをします。昼食をとって家を出るのが12時30分。学校までは歩いて20分の距離です。授業は5時までで、帰宅後にはそうじなどを手伝います。習いごとはしていません。夕食後に宿題をして、ねるのは夜9時ごろです。好きな教科は算数で、問題を解いていく過程や、必ず答えが出るところが好きです。

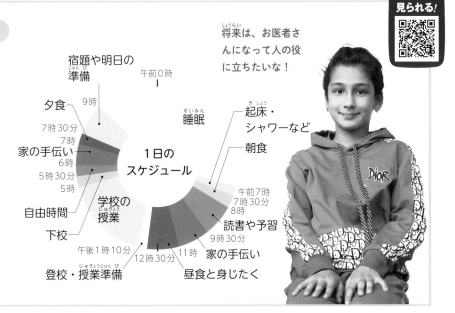

動画が見られる!

将来は、お医者さんになって人の役に立ちたいな!

1日のスケジュール

睡眠
宿題や明日の準備　9時
午前0時
夕食
7時30分
7時
家の手伝い
6時
5時30分
自由時間　5時
下校
学校の授業
登校・授業準備
午後1時10分
12時30分
昼食と身じたく
11時
家の手伝い
9時30分
読書や予習
8時
7時30分
午前7時
朝食
起床・シャワーなど

地方で農業を営む家族

ジャオヒルさん家族。農作業でいそがしいお父さんにかわって、ジャオヒルさんが家での作業を一手に担う。

■ まじめでがんばりやの16歳

ウズベキスタン東部フェルガナ州の地方都市リシタンに住む16歳のジャオヒルさんは、農業を営む両親と、2人の妹（14歳と7歳）とくらしています。広大な農地で小麦やトウモロコシ、ブドウやアンズなどを栽培し、販売しています。ジャオヒルさんはNoriko学級（→28ページ）に通って日本語を勉強しながら、家庭を助けるために毎日りっぱに働いています。

広い敷地をもつ家は、離れの住居もふくめて8部屋あります。昔ながらのかまどもありますが、お母さんは建て増し中の台所が完成するのを心待ちにしています。

▼トラクターに乗って作業を手伝うこともある。

▲わらや薪で火をおこす、昔ながらのかまど。

▲居間。食事はじゅうたんに座って食べる。

▶5頭の牛を飼っていて、その乳は自宅用のミルクやヨーグルトにする。

▲収穫して干したアンズを品質と大きさで選別する。

◀広い庭で栽培しているブドウを収穫する。

 インタビュー

日本で勉強したい!

ジャオヒル・ママジョノフさん(16歳)

　タシケントやサマルカンドなどの大都市ではなく、地方都市のリシタンに無料で日本語を学べるNoriko学級があるのは運命だと思って通い始めました。日本語の敬語や漢字はむずかしくておぼえるのが大変ですが、いつか日本の大学で最新の農業技術を学び、両親と日本語の先生に恩返しがしたいと思っています。

▲時間が少しでもあれば日本語を勉強する。

食と習慣①

ウズベキスタンの家庭料理

シルクロードが育んだ食文化

　中央アジアは文明の交差点とよばれていますが、ウズベキスタンは食文化においてもまさにシルクロードの中心地でした。オアシスでとれる穀物や野菜、果物、肉などの食材をもとに、遊牧民と定住民の伝統料理にくわえ、アジアのほかの国ぐにや中東、西欧、ロシアなどの影響を受けたバラエティ豊かな料理がそろいます。

　タシケント市内に住むマディナホンさん（→8ページ）の家では、中庭にある大きなソファーとテーブルで、家族そろって夕食をとります。一般的に大皿に盛ったパロウ（ピラフ）やサラダを各自で小皿にとり分け、スープやノン（平たい円形のパン）といっしょに食べます。

▲食事前、全員でお祈り（ドゥアー）をして神に感謝する。

スパイスをすりつぶすのは私の役目！

14

代表的な調味料

①白ゴマ　②ローリエ　③ディルやバジル、赤ピーマン、パクチーなどのミックススパイス　④黒ゴマ　⑤クミン　⑥トウガラシ　⑦セイバリー

▲手際よく調理を進めるマディナホンさんのお母さん。

ウズベキスタンの代表的な料理

▲丸くて平たいパンのノン。地域によって厚みや大きさ、味がことなる。

▲米を肉やタマネギ、ニンジンなどといっしょにいためてから炊いたパロウ。

▲アッチク・チュチュク。トマトとキュウリ、タマネギが入った定番サラダ。

▲肉の串焼きケボブ。羊や牛肉またはミンチ肉などを炭火で焼きあげる。

▲うどんに似ためんにスープをかけたラグマン。スープなしのいためラグマンもある。

▲牛肉とひよこ豆を煮こんだノハト・ショラク。サマルカンドの郷土料理。

活気あふれる市場と飲食店

動画が見られる！

▲パロウは、家庭ではコンロで調理するが、飲食店では、カザンとよばれる巨大ななべで豪快につくる。

グルメの国ウズベキスタン

　タシケントやサマルカンドなどのまちには多くの飲食店があり、いつも多くの人でにぎわっています。ウズベキスタン料理を代表するパロウやケボブ（→15ページ）、タンドゥルとよばれる土釜で焼くソムサ（肉や野菜が入ったパイ）などを食べることができます。

　活気にみちた市場（バザール）は、新鮮な野菜や果物、精肉から乳製品、はちみつまで、市民の台所としてなんでもそろう場所です。魚介については、湖や川でとれるコイやナマズなどが販売されています。またイスラム教徒はお酒を飲まないイメージがありますが、飲酒には寛容で、まちなかでふつうに買うことができます。

◀かまどにはりつけて焼いたノンを、長い棒つきの器具を使ってとり出す。

▲▶昼どきに、学生や会社員でにぎわうソムサ屋さん（上）。タンドゥル釜にソムサをはりつけて焼いているところ（右）。

▲市場ではどこでも味見ができる。写真はトマトの中に野菜と香辛料をつめたピクルス。

▲精肉店で売られている肉は牛肉と羊肉がほとんど。イスラム教徒はぶた肉を食べない。

▲野菜や果物は、近くの農場でとれたばかりの新鮮なものがそろう。

▲香辛料（スパイス）の種類が豊富なことが、ウズベキスタン料理の特徴。

ここに注目！ ドライフードの宝庫

　市場では、色とりどりのドライフルーツとナッツがきれいに陳列されて売られています。ブドウやアンズ、イチジクなどの果物は有機栽培で、アーモンドやクルミ、ピスタチオなどのナッツ類も豊富です。ウズベキスタンの人びとは、お茶といっしょにこうしたドライフードを好んでよく食べます。

▲ドライフードは、常温で長期保存が可能な食品としても利用価値が高い。

サマルカンドのノンは最高だよ！

近代化する首都タシケント

政治・経済・交通の中心地

　ウズベキスタンの首都タシケントは、294万人（2022年）の人びとがくらす中央アジア最大の都市です。まっすぐにのびる大きな道路と、整然と区画された近代的なまちなみは、かつてソ連の共和国のひとつとして成長してきた影響です。そのためティムール広場を中心とする新市街だけを見ると、2000年の歴史をもつオアシス都市としての印象は感じられません。しかし、モスク（イスラムの礼拝所）やマドラサ（イスラム高等学院）、チョルスー・バザールなどがある旧市街には、いまだに昔のおもかげが残っています。

ソ連時代のアパート

アミール・ティムール通り

新市街

▲ウズベキスタンの女性は、自由な服装が認められている。

◀タシケントのシンボルであるテレビ塔（375m）。

▲国の発展にともない、年ねん自動車の交通量が多くなってきている。

▲都市開発を象徴するエリアの「タシケントシティ」。高級ホテルやマンション、公園がある。

テレビ塔展望台<small>(とうてんぼうだい)</small>からのタシケント市のながめ。大きな道路と公園が多いのが特徴<small>(とくちょう)</small>。

抑圧犠牲者<small>(よくあつぎせいしゃ)</small>の博物館※

＊ロシア帝国支配下時代<small>(ていこくしはい)</small>とソ連時代に、体制<small>(たいせい)</small>に反対した人びとなどが収容<small>(しゅうよう)</small>されていた跡地<small>(あとち)</small>にできた博物館。

▲ドーム型<small>(がた)</small>のチョルスー・バザールは、タシケントでもっとも古い市場。

旧市街<small>(きゅうしがい)</small>

◀▲イスラム高等学院クカルダシュ・マドラサ（上）とここで学ぶ学生（左）。

▼旧市街<small>(きゅうしがい)</small>の通りには、新鮮<small>(しんせん)</small>な野菜や果物を売る多くの露店商<small>(ろてんしょう)</small>がいる。

ここに注目！

ウズベク語とロシア語

　ウズベキスタンの国家語はウズベク語ですが、まちにはロシア語表記の看板<small>(かんばん)</small>を多く見かけます。企業への就職<small>(しゅうしょく)</small>活動や大学の研究論文<small>(ろんぶん)</small>でも、ロシア語をよく使います。ソ連時代にロシア語で教育を受けてきた人は、今でも日常<small>(にちじょう)</small>会話でロシア語を使うので、そうした両親をもつ子どもたちは、学校ではじめてウズベク語を習うことになります。そのほか、タジク人（全人口の約5％）が多く住んでいるサマルカンドやブハラでは、言葉の優先度<small>(ゆうせんど)</small>はタジク語、ロシア語、ウズベク語となっています。

THE UZBEKISTAN-JAPAN CENTER
O'ZBEKISTON- YAPONIYA MARKAZI
УЗБЕКСКО-ЯПОНСКИЙ ЦЕНТР

▲ウズベキスタン日本センターの看板<small>(かんばん)</small>。上から英語、ウズベク語、ロシア語の表記がされている。

乗り物とまちを守る人びと

まちとくらし②

誇りをもってまちを守る

　ウズベキスタンのまちを歩くと、警察官や軍服すがたの人びと、昼夜をとわず出動する消防士や救急隊員をよく見かけます。また駅員や電車の車掌なども、誇りをもってその任務に取り組んでいます。ウズベキスタンは治安がよく、住みやすい国として知られていますが、こうした人びとの毎日の努力のおかげだといえます。

　また、ウズベキスタンは交通機関が充実しています。タシケント市内なら地下鉄やバス、タクシーなどが便利です。とくに1977年に中央アジアではじめて開通した地下鉄は、現在4本の路線が走っています。長距離移動については、飛行機のほか、特急アフラシヤブ号を代表とする高速列車や長距離バスが利用できます。

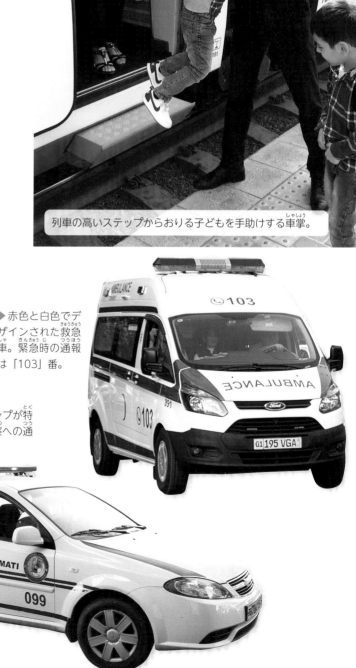

列車の高いステップからおりる子どもを手助けする車掌。

◀交差点の真ん中で車を誘導する交通警察官。

▶赤色と白色でデザインされた救急車。緊急時の通報は「103」番。

▼青色と赤色のランプが特徴のパトカー。警察への通報は「102」番。

▶▲2011年に運行が開始された高速列車アフラシャブ号（右）とその車内（上）。

▲タシケントを走る緑色が目印の路線バス。ほかに乗りあいバスもある。

▲地下鉄の新型車両。配色がウズベキスタンの国旗の色になっている。

ここに注目！

美しい地下鉄駅

　タシケントの地下鉄駅は各駅にテーマがあり、有名な建築家や芸術家の手によってみごとな装飾がなされています。地下シェルターとしての利用もかねているため、以前は撮影禁止でしたが、2018年から撮影可能になりました。

▲壮麗なモスクのような「アリシェール・ナヴァーイー駅」（上）と、宇宙飛行士がテーマの「コスモナフトラル駅」（下）。

ウズベキスタンの学校

義務教育は12年間

ウズベキスタンは6歳から満17歳までの12年間が義務教育です。1年間の入学準備期間を経て7歳になったら、1年生から9年生まである小中一貫校に通います。そして高校生（16歳）になった時点で、大学進学をめざす普通教育校か、専門性の強い職業訓練校へ入学して2年間学びます。

児童数1290人が学ぶ第225学校は、タシケントで3番目に大きい公立校です。授業は午前と午後の2部制で、その理由は人口の増加スピードに学校の数が追いつかないためです。第225学校の特徴は、1学年4クラスのうち、先生がウズベク語で授業をするクラスは1つだけで、残り3クラスは全授業をロシア語でおこなうことです。

▲きょうだいで登校。5年生（11歳）から親のつきそいがなくなる。

ウズベキスタンの学校制度		年齢のめやす
就学前教育	保育園や幼稚園など	2歳〜
義務教育	入学準備（1年間）	6歳
	小学校（4年間）	7〜10歳
	中学校（5年間）	11〜15歳
	高校（2年間）	16〜17歳
高等教育	大学および専門大学	18〜21歳

▼先生や年長者に会ったときは、右手を胸にあててあいさつする。

▲音楽室。ピアノや民族楽器などが置いてある。

▲ろうかには「新ウズベキスタン」として、独立から現在までの国の歩みを紹介するボードが置いてある。

▲教室を移動する児童たち。　▲コンピューター室。

▲低学年の児童の下校時には、親がむかえにくる。

▲文房具が買える売店。

インタビュー

日本に興味が
ある子も
たくさんいます！

グザル・ショナザル先生 ［タシケント第225学校校長］

　サローム（こんにちは）。この学校の子どもたちは、友達どうしで助けあい、おたがいを尊敬する気持ちがある子ばかりです。入学式と卒業式はもちろん、収穫祭や朗読大会、キャンプなど、たくさんのイベントがあって楽しい学校ですよ。ぜひ遊びにきてくださいね！

専門の先生が授業

教室移動が多い

　第225学校の午前の部に通う子どもたちは、7時45分ごろまでに登校して席につき、1校時目をむかえます（午後の部の授業は1時から）。授業は40分で、5年生（11歳）の場合は曜日によって3〜6校時の時間割になっています。

　ウズベキスタンの学校は、クラス担任の先生がすべての授業をする日本の小学校とはちがい、教科ごとにきまった先生が授業をします。児童たちは、授業によって教室を移動する（低学年はのぞく）ので、授業の合い間のろうかは児童たちのおしゃべりでにぎやかです。

▲5年生の算数の教科書。カラフルで分かりやすい。

▶机の上に両手をおき、手をあげるときは、ひじから上を立てる。

▲先生から指名され、黒板に答えを書く児童たち。

5年生（ウズベク語クラス）の時間割						
時間	月	火	水	木	金	土
1校時目 (8:00〜8:40)	国語	技術	国語	算数	ホームルーム	算数
2校時目 (8:50〜9:30)	歴史	技術	英語	英語	国語	歴史
3校時目 (9:40〜10:20)	ロシア語	算数	算数	ロシア語	体育	文学
4校時目 (10:30〜11:10)	美術	道徳	文学	生物	算数	
5校時目 (11:20〜12:00)	音楽	英語	体育	地理	情報	
6校時目 (12:10〜12:50)				国語		

動画が
見られる！

5年生のクラス。制服はなく、男女とも白色のシャツで、下は紺色か黒のズボン（男子）、スカート（女子）ならなんでもよい。ネクタイとベストは自由。2024年度から制服が統一される予定。

▲美術の授業。先生からデッサンの指導を受ける。

▲体育の授業。笑い声がひびくバレーボールの試合。

▼低学年の国語の授業。何度も書きとりをしておぼえる。

ここに注目！

ふえてきた英語の授業

　ウズベキスタンは、1991年にソ連から独立したあともロシアとの関係を保ちつつ、アメリカやヨーロッパとも友好関係を築いてきました。そのため学校でも英語の授業数がふえ、ロシア語にくわえて英語を身につけることが、今の子どもたちの目標になっています。

昼食と休み時間

▲ 食事前にはせっけん
で念入りに手を洗う。

▲ 休み時間に学生食堂で軽食をとる低学年の児童たち。

学生食堂でランチセット

　2部制をとっている第225学校では、午前の部に通う児童は授業が終わって帰宅してから昼食をとり、午後の部の児童は自宅で昼食をすませてから登校することが多いようです。

　しかし両親が共働きの家庭の児童などは、学生食堂でそうざいパンやランチセットを購入して食べることもあります。また低学年の児童には、3校時目が終わったあとに長めの休み時間があり、スープやパンなどの軽食が無料で提供されます。

▲ 学生食堂でランチセットを注文した児童。

▲ ご飯、フライドポテト、サラダ、川魚のフライのセット。
パンとジュースがつく。

▲自宅から弁当をもってくることもある。

休み時間や放課後

　授業の合い間の休み時間や放課後になると、多くの子どもが校庭に出て元気に遊びます。集まっておしゃべりしたり、バレーボールや鬼ごっこをしたりする子どもたちの笑い声がひびきます。また校庭では携帯電話を使ったり、お菓子を食べたりすることも許されています。

▲バレーボールやドッジボールは、人気のボール遊びだ。

▲売店でお菓子を買って食べることもある。

27

絆がつなぐ日本語学校

▎Noriko学級

　フェルガナ州の地方都市リシタンに日本語を無料で教える学校があります。技術者としてウズベキスタンに赴任していた大崎重勝さんが、定年退職後の1999年に奥さんの紀子さんとともに設立したNoriko学級です。2005年に重勝さんは亡くなりましたが、その遺志を引き継いだガニシェル校長のもと、今もたくさんの子どもたちが日本語を学んでいます。

▲毎日たくさんの児童・生徒が日本語を学びにくる。

▲スザニ刺しゅう（→39ページ）を学んで将来に生かす。

▼生徒がつくった陶器のティーセット。

◀日本語の授業をするガニシェル校長。

ぜひ遊びに来てね！

インタビュー

ガニシェル・ナジロフ校長
[Noriko学級／リシタン・ジャパンセンター代表]

　この学校の大きな特徴は「日本語を話せればだれでも先生としてむかえる」という考えで運営しているところです。宿泊施設や食事もそろっているので、旅行気分で1日の滞在でも、ウズベク語をまったく話せなくてもいいので、子どもたちに会いにきてください！

子どもの遊び

外で遊ぶことが大好き

まちのすべてが遊び場

　放課後や休日には、まちのあちこちで遊ぶ子どもを見かけます。公園はもちろん、人でにぎわう市場やモスク前の広場、迷路のような路地裏も、子どもたちにとっては格好の遊び場です。

　最近は携帯電話やインターネットのゲームも流行していますが、外遊びもまだまだ人気です。

▲モスク前の広場でたこ揚げをする子どもたち。

▲ブハラ旧市街の路地裏でサッカーをする子どもたち。

▼市場（バザール）前に自転車で集合。

▼じゃんけんは日本と同じルールで、紙、石、はさみの形。「ドン・ドン・ジキ」のかけ声で手を出す。

ドン・ドン・ジキ！

動画が見られる！

スポーツ・娯楽

家族みんなで出かける休日

夕方からが休日の本番

　家族のつながりを大切にするウズベキスタンでは、休日に外出するときはだいたい家族みんなで出かけます。夏場は日中の気温が高いので、少しすずしくなってくる夕方からまちを散歩したり、デパートや遊園地に行ったりします。ウズベキスタンの夏は夜9時すぎまで明るいので、夕方からでもじゅうぶんに楽しめるのです。

　ウズベキスタンでいちばん人気のスポーツはサッカーで、プロサッカー選手は子どもたちのあこがれです。そのほかテニスやボクシング、レスリングなどもさかんで、まちなかでは卓球やボウリングをしている人びとも見かけます。

▲▶家族みんなでまちを散歩したり、アイスクリームを食べたりしている。

レギスタン広場（→7ページ）の横にある公園に建てられた初代大統領カリモフ氏の銅像と記念撮影する人びと（サマルカンド）。

▲2021年にオープンした中央アジア最大の遊園地マジックシティ（タシケント）。

▲ブハラの観光地、アルク城前でラクダに乗る子ども。

▲露店が連なるサイールゴフ通りの似顔絵屋さん（タシケント）。

▲タシケント最大のデパート「サマルカンド・ダルヴォザ」内のボウリング場。

▲まちのあちこちで見かける野外卓球場。

イスラム教と伝統行事

タシケントのジュマ・モスクで礼拝を終えた人びと。

国民の大半がイスラム教徒

ウズベキスタンは、イスラム教と深くかかわる祝日や行事が多い国です。8世紀、アラブ人の征服によって中央アジアにイスラム教が伝わり、その後人びとのあいだにイスラム教の文化や宗教行事が根づいていきました。特にティムール朝時代に多くの立派なモスクやマドラサが建てられました。現在、国民のほとんどがイスラム教徒で、なかでもスンナ派の人びとが9割以上を占めます。

◀礼拝所で祈りをささげる人びと。いちばん奥にイマーム（導師）のすがたが見える。

ウズベキスタンがソ連の一部だった時代、ソビエト政権から宗教活動を制限されたこともありましたが、独立後にはラマダン（断食月）や犠牲祭など多くの行事も復活しています。

ここに注目！

お祈りは1日5回

イスラム教（スンナ派）のお祈りは1日5回です。礼拝の時間は毎日かわるので、モスクなどには時刻表が掲示されています。また「アザーン」という礼拝へのよびかけの言葉がまちなかに大音量で流れ、お祈りの時間を知らせます。

▲お祈りの時刻表。

ウズベキスタンのおもな祝祭日		
1月	1日	新年
	14日	祖国防衛の日
3月	8日	国際婦人の日
	21日	ナウルズ
5月	9日	追憶の日（戦没者慰霊の日）
9月	1日	独立記念日
10月	1日	教師の日
12月	8日	憲法記念日

その他「ラマダン（断食月）」と「ラマダン明けの祭り」、「犠牲祭」などがある。これらは毎年日づけがかわる。

スマラクのつくり方

❶麦芽（上）を水につけておき、煮てから煮汁をこす。

伝統のスマラクづくり

中央アジアで春の訪れを祝う「ナウルズ」は、春分の日（3月21日）におこなわれます。その起源は古く、イスラム教が普及する以前からのイラン旧暦の新年を祝う慣習とされています。まちでは伝統舞踊やコンサートなどがもよおされ、家庭ではごちそうをつくって祝います。

ナウルズの料理といえば、「スマラク」です。発芽した小麦を煮つめたジャムのようなもので、親せきや近所の人が集まり、願いごとをしながらみんなでつくる縁起のよい食べ物です。

❷大なべに煮汁、油、小麦などを入れてかきまぜる。

❸焦げつき防止の小石やクルミなどを入れる。交代しながら、朝までかきまぜつづけてつくる。

❹トロッとして少しあまい味のスマラクのできあがり。そのまま食べたり、ノンなどにつけて食べる。

さまざまなイベントや祝いごと

▲花嫁衣装に身を包んだ新婦が、席をまわって招待客に3回おじぎをする。

◀今後、食べものに困らないように、小麦粉を前に置いてお祈りをする。

▼お色直しした新婦とともに新郎が入場。

■ 豪華な披露宴

　ウズベキスタンは、恋愛結婚のほかにお見合い結婚も多くあります。結婚式は、都市部ではホテルや式場で、農村部では自宅でおこなわれます。披露宴には何百人も招待され、豪華な料理がふるまわれます。また生演奏をするバンドや歌手、ダンサーたちがその場を盛りあげます。

▲新郎新婦の母親が踊っているところに、人びとが祝儀を手わたす。

▲披露宴の豪華さは、その家の経済力を示して安心してもらう意味もある。

誕生日会や墓地について

　ウズベキスタンでは、誕生日の人が自宅に友達を招待したり、レストランを貸しきって誕生日会を開き、みんなにごちそうしたりします。

　また、人が亡くなったときについては、イスラム教徒は火葬が禁止されているので、すべて土葬です。お墓がすべてイスラム教の聖地メッカに向けて建てられていることも特徴です。

▲子どもが生まれると、ベシク（ゆりかご）にはじめてねかせる儀式がある。

▼盛り土だけのシンプルな墓や、氏名と生年・没年月日、遺影をきざんだ墓石や表示板のある墓など、さまざま。

▲Noriko学級の生徒の誕生日会。お祝いにはパロウが欠かせない。

世界遺産のまちでくらす人びと

技術や文化の交差点

　シルクロードのオアシス都市として栄えたサマルカンドやブハラ、ヒバなどは、世界遺産に登録されています。これらのまちには、数百年前のすがたを残す歴史的な建造物があり、さまざまな技術をもつ職人や、芸術にたずさわる仕事をする人びとがくらしています。

　かつて世界じゅうの人が集まったオアシス都市では、ものの売買だけではなく、文化や技術の交流がありました。このような長きにわたる営みが、ウズベキスタンの人びとの心や生活を豊かにしていったのです。

ビビハニム・モスク

サマルカンド旧市街のまちなみ。歴史的なモスクやバザール（市場）が、数百年前から人びとのくらしのなかにある。

▲▶16世紀に建てられたブハラのタキという市場（上）。この場所には、今では世界各国から観光客が集まる（右）。

◀レギスタン・タイル工房の職人（上）。イスラム高等学院だったこの場所は現在、観光地になっている（下）。

シヤブ・バザール（市場）

▲◀ブハラ旧市街
のハキカット通り
（上）にはたくさん
の工房があり、職
人が伝統技術を守
っている（左）。

▲民族衣装や踊りの多彩さは、世界じゅうの芸術文化が融合した証だ。

動画が
見られる！

▲世界各国の音楽の影響を受けたことで、さまざまな弦楽器や打楽器、
笛などが生まれた。

伝統のものづくり

ていねいなものづくり

陶器のまちリシタンに、有名な陶芸家アリシェールさんの工房があります。最近は多くの工房で同じ製品を大量生産していますが、アリシェールさんは「今の世界は利益と効率のよさばかりを追求してしまっている。しかし私は、陶芸の伝統や芸術性をもっと大切にしていきたい」と、1つずつ手づくりしています。現在、そんな師匠のもとで14人の子どもたちが、陶芸家をめざして制作にはげんでいます。

アリシェールさんの作品をていねいにみがいてならべているスタッフの少年。

アリシェールさんによる陶芸の指導例

❶手ぬぐいで目かくししたまま、ろくろを回す。

❷手の感触だけをたよりに、少しずつ成形していく。

❸器のふちにかざりをつけ、完成したらろくろから切りはなす。

❹手ぬぐいを外して確認し、師匠の指導を受ける。

インタビュー

心の目を養おう！

アリシェール・ナジロフさん ［アートワークショップ主宰］

私は12歳から陶芸の道に入りましたが、最初に師匠から教えてもらった話があります。「200年前、有名な陶芸家が不慮の事故で失明した。しかしあきらめずに陶芸を続けたところ、以前よりもよいものができるようになった」。つまりこの陶芸家は、視力を失ったかわりに「心の目」を得たのです。私は今も、目に見えるものだけでなく、心で感じることも大切にして陶芸を伝えていきたいと思っています。

動画が見られる！

▲お湯で煮たまゆから絹糸を取りだし、巻きとる。

▲糸を何十本もよって太い1本にし、さらに束ねて天然の染料で染める。

▲足踏み式の織機で織っていく。

アトラスとスザニ

ウズベキスタンは美しい織物の産地として有名です。アトラスは、カイコのまゆから取りだした絹糸（シルク）でつくるたて絣*の織物で、あざやかな色彩と大胆なもようが特徴です。

また「針仕事」を意味するスザニは、色糸で刺しゅうをほどこした布です。娘をもつ母親が親族といっしょにひと針ずつ手ぬいをし、嫁入りのときにわたすという習慣もあります。

＊織物はたて糸とよこ糸を交互に織りあわせてつくるが、たて絣は、色を染めわけた「絣糸」をたて糸に使って織った織物。

◀17歳のアトラス職人。

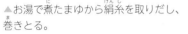

▲スザニのもようは、月や太陽のほか、草花やザクロなどの植物が多い。

◀色糸をひと針ずつぬいこんで、もようをつくっていく。

伝統農業の強みと課題

くらしの多様性③

▲ フェルガナ地方の広大な綿花畑。9月上旬から手づみでの収穫が始まる。

やわらかくてふわふわの綿花です。

■ 昔ながらの伝統的な農業

　ウズベキスタンは農業がさかんな国で、小麦や大麦、野菜、綿花（コットン）、果物などを中心に栽培しています。とくに綿花は世界有数の生産量をほこり、主要な産業のひとつです。また、近年ではブドウやサクランボなどの果樹の生産もふえ、周辺国への輸出がふえています。ただし農業分野での機械化がおくれているため、ほかの農業大国との生産量の差が開きつつあります。そのため大量の人手が必要な伝統的農業を続けるのか、または農業改革をおし進めるのか、今後の課題となっています。

▲ 収穫した綿花の重さをはかったあと、トラックに荷あげする。

ここに注目！

ウズベキスタンの真珠

　きれいな水と太陽の光、栽培に適した土壌のもとで育つウズベキスタンの綿花は、自然な光沢とつやがあるため「ウズベキスタンの真珠」とよばれています。また、繊維がいたまないようにていねいに手づみで収穫されるため、高品質な原料として日本の高級タオルなど、たくさんの製品に使用されています。

ブドウの国際見本市に集まった、地元の生産者たち。

▲ブドウの国際見本市に招待され、キルギスなど国外からやってきた楽団。

▲▶1つずつ手づみされるブドウ（上）。収穫期の作業場は、ブドウをつめる箱の制作で大いそがし（右）。

◀ブドウの国際見本市には、トルコやキルギス、カザフスタンなどが参加している。

自然にやさしい環境づくり

自然の恵みに感謝する

　ウズベキスタンは乾燥した土地が多いので、人びとは水の大切さや、自然からの恵みに感謝する気持ちを強くもっています。広がる砂漠化や大気汚染などの環境問題、地震などの自然災害に対して、自分に何ができるのかを考え行動する人が多くいるのです。

ウズベキスタンは天然ガスを燃料とする自動車が一般的。二酸化炭素や有害物質の排出量がガソリン車よりも少ない。

▲1966年4月26日に起こったタシケント地震（マグニチュード5.0）の慰霊碑。

▲カザフスタンとウズベキスタンにまたがる塩湖のアラル海は、乱開発と温暖化が原因でその大部分が干あがってしまった。かつては世界で4番目に広い湖だったが、今では「船の墓場」ともいえる光景が広がる。

▼電気で走るバス。都市部には電気自動車がふえてきた。

▲モスク近くに設置されている募金箱。寄付をすることはイスラムの教えのひとつ。

▲交通渋滞緩和のため、レンタルスクーターがまちに設置されはじめた。

▲サマルカンドのモスク前で充電中の、観光警察隊の電動パトカー。

よみがえった伝統技術

　8世紀に中国から伝わった製紙法によって、サマルカンドは高品質な紙の生産地としてさかえました。しかしソ連体制下では民族の伝統が抑圧されたため、紙の製造が完全にとだえてしまいました。独立後、サマルカンド紙の復活を願う人びとや日本のJICA（国際協力機構）の協力もあり、今では伝統的な紙すきの技術が復活しています。

◀果物の皮などの自然の染料を使って染色した紙。

▼コニギル村にある紙すき工房。クワの木の皮の繊維を原料とした、すべて手づくりの製紙法だ。

▲紙を使った人形なども制作している。

◀石や貝でみがいて仕上げることで、独特の光沢と手ざわりが出る。

おたがいに親近感をもつ両国

タシケントのJICA（国際協力機構）にある日本語の図書館。
毎日、多くの学生が日本語教室に通ってくる。

◢ 両国の交流を深めよう

日本とウズベキスタンの国交は、ウズベキスタンがソ連から独立した直後の1992年に正式に樹立されました。日本は教育や人材育成、インフラ関連の分野などで積極的に支援し、ウズベキスタンの人びとにとって「信頼できる国」とされています。また日本のアニメや折り紙、和食などの日本文化に興味をもっている子どもも多くいます。そのいっぽうで、日本の子どもたちにとって、ウズベキスタンはなじみがうすく遠い国かもしれません。両国の交流をさらに活発にするために、おたがいの文化やくらしについて知ることから始めましょう。

▲タシケントの学校で活動する青年海外協力隊員（中央）。

▼タシケントにある日本庭園。現地の人のいこいの場になっている。

うんどうかい
赤	白	青
18	13	12

▲かけ声とともに引っぱる綱引き。

▲バケツにボールを投げ入れる玉入れ競争。

楽しい運動会

　ウズベキスタン日本センターのブハラ分室では、毎年秋に日本式の運動会が開かれます。日本語を学ぶ50人ほどの生徒が参加し、赤白青の3チームに分かれて対抗戦をします。競技は長縄とびや綱引き、借りもの競走などで、声援と笑い声の絶えないものです。運動会のあとにはカラオケ大会もあり、日本文化を心から楽しんでいるすがたが見られます。

▲輪っかをくぐりながら進む競技。

ここに注目！

ナヴァーイー劇場と日本人墓地

　第2次世界大戦後、ソ連の捕虜となった日本兵がウズベキスタンに送られました。1947年建造のナヴァーイー・オペラ・バレエ劇場は、そうした日本人捕虜の手によるものです。つらい環境のなかで建設に従事する勤勉さに、現地の人びとは感銘を受けたそうです。現在の両国の友好のかげに、こうしたできごとがあったことを忘れてはいけないのです。

▲日本人墓地。つねにきれいに整備されている。

◀◀ナヴァーイー劇場（左）と建設に従事した日本人捕虜を記念するレリーフ（上）。

ウズベキスタン基本データ

正式国名

ウズベキスタン共和国

首都

タシケント

言語

国家語はウズベク語。ソ連時代の影響で、日常的にロシア語を話す人が多い。学校でも授業に使う言語として、ウズベク語クラスとロシア語クラスがある。そのほかタジク系の人が多く住んでいるブハラやサマルカンドでは、タジク語がおもに使われている。

▲電車のチケット（一部）。ウズベク語、ロシア語、英語の3つの言語が記載されている。

民族

全人口の約84％がウズベク人で、ほかにタジク人、カザフ人、タタール人、ロシア人などが住んでいる。

宗教

▲ボロハウズ・モスク。かつてはハン（王）専用だった、みごとな装飾のモスク。

国民のほとんどがイスラム教徒で、なかでもスンナ派の人びとが9割以上を占める。そのほかロシア正教、ユダヤ教を信仰している人がいる。無宗教の人も一定数いる。

通貨

通貨単位はスム。100スムは約1.2円（2023年11月時点）。紙幣は20万、10万、5万、2万、1万、5000、2000の7種類。硬貨は1000、500、200、100、50の5種類が一般に流通している。

▲2023年11月現在、ウズベキスタンで使用されている紙幣（一部）。

政治

共和制で元首は大統領。大統領は国民の直接選挙で選ばれ、任期は7年。議会は二院制で、上院が100議席（16議席は大統領指名）、下院が150議席。議員の任期はどちらも5年。選挙権は18歳から。

情報

国営テレビ4局が市場を独占している。独立系のテレビ局とラジオ局もある。基本的にすべての局は、政府のメディアコントロールを受ける。新聞は国が発行する「プラウダ・ボストーカ」「ハルク・スズィ」、民間では「ノーボスチ・ウズベキスターナ」「ノーブィ・ベク」などがある。

産業

天然ガス、石油、石炭などの天然資源が豊富で、とくに金の埋蔵量は世界第4位。国民の労働者人口の約3割が農業に従事し、小麦やトウモロコシ、ブドウなどの栽培がさかん。綿花の生産量は世界第6位。そのほか食品加工、機械製作など。

貿易

輸出総額 193億ドル（2022年）

おもな輸出品は、工業製品、金、食料品・繊維と織物など。おもな輸出先はロシア、中国、トルコなど。

輸入総額 306.9億ドル（2022年）

おもな輸入品は、機械類、工業製品、食料品、自動車など。おもな輸入先は中国、ロシア、カザフスタンなど。

日本への輸出

70億円（2022年）

おもな輸出品は、一般機械、肥料、果実および野菜、アルミニウムと同合金、綿糸、綿織物など。

日本からの輸入

363.9億円（2022年）

おもな輸入品は、自動車（バスやトラックふくむ）、一般機械、タイヤ類、電気機器など。

軍事

兵力 4.8万人（2022年）

徴兵制で、男子18～27歳のうちに1年間の兵役がある。

シルクロードとオアシス都市

　サマルカンドやブハラは紀元前から中央アジア有数のオアシス都市として発展し、中国産の絹がローマ帝国に運ばれたシルクロードの重要な中継都市でもあった。とくにサマルカンドはシルクロードの商人として有名なイラン系住民ソグド人の本拠地であり、その一帯はソグディアナとよばれていた。このシルクロードを通して、東西のめずらしい産物が運ばれただけでなく、文化や芸術交流のきっかけとなった。この地域は紀元前328年にマケドニアのアレクサンドロス大王に征服され、大王の遠征により、ギリシャ文化がこの地にまで広まった（ヘレニズム文化）。

▲アフラシャブの丘で発見された7世紀ごろのフレスコ画。婚礼に招かれた外国の公使たちのすがたが見える。

　8世紀、中央アジアを征服したアラブ人（アッバース朝）のもとで現地にイスラム教が伝わった。さらに唐(中国)との戦い（タラス河畔の戦い）でアッバース朝が勝利し、このとき中国で発明された製紙法がサマルカンドに伝わり、やがて西洋にも広まったといわれている。13世紀には、中央アジアに攻撃を始めたモンゴルのチンギス・ハンがこの地を征服し、モンゴル軍によりサマルカンドやブハラなどの都市はことごとく破壊された。

ティムール朝の繁栄

　14世紀、モンゴル帝国から分かれた西チャガタイ・ハン国に仕えたモンゴル貴族の血を引くティムールがティムール朝をおこす。ティムールはサマルカンドを首都として中央アジアで広大な帝国を築いた。16世紀初頭まで続いたティムール朝のもと、建築や細密画、天文学、文学などさまざまな分野で高度な文化が花開

くことになった。ティムールは、サマルカンドにビビハヌム・モスクやグーリ・アミール廟などを建てた。また、第4代君主ですぐれた学者でもあったウルグ・ベクは、各地にマドラサ（イスラム高等学院）を、サマルカンドには天文台を建設した。

　16世紀になるとウズベクを名のる遊牧集団がマーワラーアンナフルを征服してシャイバーニー朝を樹立し、やがて首都としての機能はブハラに移った。しかしその後、このシャイバーニー朝が2つに分裂したり、西部のフェルガナ地方で新たな政権ができるなど、ブハラ・ヒバ・コーカンドという3つのハン国が、19世紀半ばまでたがいにしのぎをけずることになった。

ソ連邦への編入と、その後の独立

　19世紀半ば、ロシアが中央アジアへの侵略を始め、現在のウズベキスタンの領域は植民地化された。1917年のロシア革命によってロシアが社会主義体制となり、1922年にソ連が成立。現在のウズベキスタンの前身であるウズベク・ソビエト社会主義共和国は、1924年にソ連の一民族共和国として成立した。ソ連の指導のもと、農業の集団化、土地改革や運河建設などの事業が進められた。そのいっぽうで、それまで土地を治めていた地主やイスラム教の関係者はしだいに力を失っていった。

　1986年以降、ソ連でおこなわれた改革ペレストロイカにより自由化が進んだいっぽうで政治の混乱にもつながり、1991年8月にはクーデター未遂事件が起きる。それによって従来のソ連の権力基盤が失われたことをきっかけに、ウズベキスタン共和国としての独立宣言が出され、12月のソ連解体とともにウズベキスタンは独立した。同じ12月、初の直接選挙による大統領選がおこなわれ、イスラム・カリモフが当選して初代大統領に就任。カリモフはその後の選挙でも（選挙の透明性に疑問が残るものの）くり返し当選し、25年にわたって政権の座にあった。カリモフ政権は、国内の安定とゆるやかな民主化、経済改革路線を進めて一定の成果をおさめた。しかし政府に反対する運動や政治的な活動は弾圧され、信教や報道の自由に対しても制限がかけられる強権的な政治でもあった。カリモフの死後、第2代大統領に就任したミルジヨエフは、数かずの改革をおし進め、生まれかわったウズベキスタンを世界に発信しようとしている。

さくいん

取材を終えて

関根 淳（せきね まこと）

　この本が刊行される2か月前のことです。内容の確認をお願いするため、日本への留学をひかえたウズベキスタン人の大学生に、メールで全ページを送りました。すると「とても美しい写真と内容で、これが私の母国ウズベキスタンだとは信じられません。ありがとうございました！」とのお返事をいただきました。うれしいお返事でしたが、「信じられない」どころか、呆気にとられるほど美しい建物と自然、そしてやさしい人びとがたくさんいる国。それこそが私の目に映ったウズベキスタンそのものなのでした。

　じつは取材前、私のウズベキスタンのイメージは、「シルクロードのオアシス都市サマルカンドがある国」という程度のものでした。そしてイスラムの国だから、その教えに失礼にならないように気を引きしめていこう。でも、なんとなく不安だな…という気持ちで取材に向かいました。しかし実際にウズベキスタンに行ってみると、取材で協力してくれた人たちだけでなく、まちなかでちょっと会話した人まで、みんな親切ですぐに仲良くなることができ、勝手なイメージをもって不安に思っていた自分を恥ずかしく思いました。

　ふり返って考えると、外国の人から見た日本もそうな

▲取材に協力してくれたリシタンの家族。

のではないかとも思えてきました。日本人として「あたりまえ」に感じていることやものが、じつは「信じられない」ほどすばらしく、誇りに思ってよいことがたくさんあるのかもしれません。ウズベキスタンと日本、100年後にもおたがいに「すてきな国だね」と言えるような関係が続けばいいなと強く思いました。

　日本の良さも再発見するきっかけを与えてくれた、美しい国、そしてすてきな人びとがいる国ウズベキスタンに感謝します。

●監修
帯谷知可（おびや ちか）（京都大学東南アジア地域研究研究所教授）

●取材協力（順不同・敬称略）
アジズ・アブドラエフ／アリシェール・ナジロフ／ウズベキスタン日本センター／ガニシェル・ナジロフ／コニギル村メロス紙すき工房／在日ウズベキスタン共和国大使館／サマルカンド・ハンドクラフトセンター／JICAウズベキスタン／ジャムシード家／庄司翼／スザニギャラリー＆ワークショップ／ソリエフ・ミラズィズ／タシケント第225学校／Noriko学級／ホキモブ・オビド／ママジョノフ家／ヨドゴルリク工房／リシタン・ジャパンセンター／レギスタン・タイル工房／

●参考文献
帯谷知可『ヴェールのなかのモダニティ──ポスト社会主義国ウズベキスタンの経験』（東京大学出版会）
帯谷知可（編著）『ウズベキスタンを知るための60章』（明石書店）
萩野矢慶記『ウズベキスタン・ガイド──シルクロードの青いきらめき』（彩流社）
岩村忍『文明の十字路＝中央アジアの歴史』（講談社）
胡口靖夫『ウズベキスタンと現代の日本』（同時代社）
中山恭子『ウズベキスタンの桜』（KTC中央出版）
高山なおみ『ウズベキスタン日記──空想料理の故郷へ』（新潮社）
百々新『ウズベキスタン　シルクロードの少年サブラト』（偕成社）

●地図：株式会社平凡社地図出版
●校正：株式会社鷗来堂
●デザイン：株式会社クラップス（佐藤かおり）

現地取材！　世界のくらし14

ウズベキスタン

発行　　2024年4月　第1刷

文・写真　：関根淳（せきね まこと）
監修　　　：帯谷知可（おびや ちか）
発行者　　：千葉均
編集　　　：原田哲郎
発行所　　：株式会社ポプラ社
〒141-8210　東京都品川区西五反田3丁目5番8号
　　　　　　JR目黒MARCビル12階
ホームページ：www.poplar.co.jp（ポプラ社）
　　　　　　kodomottolab.poplar.co.jp（こどもっとラボ）
印刷・製本　：大日本印刷株式会社

©Makoto Sekine 2024 Printed in Japan
ISBN978-4-591-18088-4
N.D.C.292／48P／29cm

現地取材！ 世界のくらし

続刊も毎年度刊行予定！

- 小学高学年〜中学向き
- オールカラー
- A4変型判　各48ページ
- N.D.C. 292
- 図書館用特別堅牢製本図書